AF359215

MARIAGE D'ARLEQUIN

PARIS. — IMPRIMERIE E. MARTINET, RUE MIGNON, 2.

LE

MARIAGE D'ARLEQUIN

COMÉDIE EN UN ACTE

PAR

PIERRE O...

PARIS

WATILLIAUX, ÉDITEUR

PERSONNAGES

LE NOTAIRE.
LUBIN, son domestique.
CASSANDRE.
LE COMMISSAIRE.
ARLEQUIN.
POLICHINELLE.
COLOMBINE.
LE GENDARME.

Le théâtre représente une place publique. A droite, au premier plan, la maison du notaire; à gauche, celle de Cassandre. A gauche, au deuxième plan, la maison d'Arlequin; à droite, celle de Polichinelle.

LE
MARIAGE D'ARLEQUIN

SCÈNE PREMIÈRE

LE NOTAIRE, puis LUBIN

LE NOTAIRE, *venant du fond, à gauche, va à sa porte,*
où il frappe en appelant :

Lubin!... Lubin!... Ouvre donc!... C'est moi...
ton maître... Voyez s'il répondra!... Lubin!...C'est
Lambin que je devrais l'appeler... Lubin!... (*Il re-*
vient au milieu de la scène.) Que voulez-vous que
je fasse, moi notaire, d'un pareil domestique?

LUBIN, *sortant de la maison en courant*

Voilà, monsieur!... (*Le notaire se retourne. Ils*
se cognent.) Aïe!

LE NOTAIRE

Quel choc, holà!

LUBIN

Chocolat?

LE NOTAIRE

Je n'ai pas dit chocolat ! j'ai dit : Quel choc ! parce que tu m'as cogné, et holà ! parce que cela m'a fait mal.

LUBIN

Alors, monsieur, je vous demande pardon de vous avoir *chocogné*.

LE NOTAIRE

Assez ! tais-toi et écoute.

LUBIN

Oui, monsieur.

LE NOTAIRE

Tais-toi, te dis-je.

LUBIN

Je me tais.

LE NOTAIRE

Je te dis de ne plus parler.

LUBIN

Je ne parlerai plus.

LE NOTAIRE

N'ouvre plus la bouche... Est-il venu quelqu'un chez moi pendant mon absence ? (*Lubin ne répond pas.*) Est-il venu quelqu'un chez moi ? Réponds.

(*Lubin ne répond toujours pas.*) Ah ! mais... je vais
me fâcher... Réponds de suite, ou je te chasse.

LUBIN

Mais, monsieur, je ne sais plus comment faire :
vous me dites de fermer la bouche, puis de vous
répondre. Ce n'est pas commode... Que faut-il faire ?

LE NOTAIRE

Répondre.

LUBIN

Non, monsieur...

LE NOTAIRE

Insolent ! tu ne veux pas répondre ?

LUBIN

Puisque je vous dis non...

LE NOTAIRE

Encore !

LUBIN

Laissez-moi finir !... Non, monsieur, il n'est venu
personne.

LE NOTAIRE

Ça suffit... Maintenant, tu vas te dépêcher d'aller
chez Polichinelle ; tu le préviendras que sa tante, la

marquise de Carabas, lui a légué, par testament,
une somme de cent écus.

LUBIN

Ça n'est guère.

LE NOTAIRE

Polichinelle est un mauvais garnement, et sa tante
le savait si bien qu'elle a laissé cent mille écus à
Arlequin, qui est un honnête garçon.

LUBIN

Cent mille écus!

LE NOTAIRE

Oui... Allons, cours chez Polichinelle, je vais aller prévenir Arlequin ; mais je dois d'abord rentrer
chez moi prendre quelques papiers. C'est ouvert,
n'est-ce pas ?

LUBIN

Non, monsieur, c'est blanc, du papier, ça n'est
pas vert.

LE NOTAIRE

Qui te dit cela ?

LUBIN

C'est vous, monsieur, qui me demandez si c'est
tout vert.

LE NOTAIRE

Tu perds la tête!... Je te demande si la porte est
ouverte ou non?

LUBIN

Non, monsieur, elle n'est pas du tout verte.

LE NOTAIRE

Décidément, il est idiot!... Est-elle fermée?

LUBIN

Non, monsieur.

LE NOTAIRE

Dieu! quel drôle de domestique! Je n'en pourrai
jamais rien faire... Allons, va vite chez Polichinelle. (*Il rentre chez lui.*)

SCÈNE II

LUBIN, *seul*

Oui, monsieur... Mais je ne sais pas où il demeure... Bast! je trouverai bien; on doit le con-
naître, ce monsieur... Tiens! j'ai oublié son nom...
Ma foi, je vais tout de même chez lui. (*Il sort en
courant.*)

SCÈNE III

ARLEQUIN, *sortant de sa maison*

Voilà la porte fermée. Maintenant, je n'ai plus

qu'à aller surveiller les apprêts de mon mariage,
car c'est demain que j'épouse ma chère Colombine.
Nous nous aimons depuis si longtemps que Cassandre, son tuteur, s'est enfin décidé à donner son con-
sentement... Eh! mais... n'est-ce pas Polichinelle
qui vient là-bas?... Je me sauve, car il voudrait encore me faire boire avec lui. (*Il sort.*)

SCÈNE IV

POLICHINELLE, venant du fond, puis LUBIN

POLICHINELLE

Ah! ah! ah! Il paraît que ma présence fait sauver
le jeune Arlequin... Il craint peut-être que je ne lui
emprunte de l'argent... En ce cas, il n'aurait pas
tout à fait tort, car ma bourse est à sec et je ne sais
plus comment faire pour la remplir...

LUBIN, *entrant tout essoufflé*

Ouf! J'ai eu beau chercher, je ne l'ai pas trouvé,
ce monsieur dont j'ai oublié le nom et dont je ne
sais pas l'adresse. Ma foi, tant pis! je vais déjeuner.
Après une course pareille, j'ai vraiment un estomac
en délabre et je voudrais bien trouver...

POLICHINELLE

De la bougie pour mettre dedans?

LUBIN

Hein! dans mon estomac?

POLICHINELLE

Dam ! vous dites : « J'ai un estomac *candélabre* » ;
un candélabre sert à mettre des bougies.

LUBIN

Tiens, j'ai fait un calembour ! Mais je voulais dire
que j'ai si faim que je tombe en défaillance.

POLICHINELLE

Diable ! prenez garde au moins de les casser en
tombant.

LUBIN

Quoi ?

POLICHINELLE

Les faïences, parbleu !

LUBIN

Vous m'avez l'air d'un fameux farceur !... Dites
donc, pourriez-vous me dire si je suis bientôt à l'en-
droit où je vais ?

POLICHINELLE

Où allez-vous ?

LUBIN

Je n'en sais rien.

POLICHINELLE

Alors, je ne puis vous dire si vous êtes arrivé.

LUBIN

C'est que je cherche une personne que je ne connais pas. Pourriez-vous me dire si elle est ici?

POLICHINELLE

Mais puisque vous ne la connaissez pas!

LUBIN

Je ne la connais pas, c'est vrai, mais vous savez peut-être où elle demeure.

POLICHINELLE

Allez au diable!... Dites au moins son nom.

LUBIN

Je l'ai oublié... Ah! non, attendez... Je cherche. Monsieur... monsieur... Est-ce drôle... Monsieur... Ah! monsieur Paul.

POLICHINELLE

Paul, c'est un prénom... Dites-moi le nom de famille. Le savez-vous?

LUBIN

Non... (*Polichinelle fait mine de s'en aller.*) Attendez... Ce n'est pas Paul. (*Polichinelle revient.*) C'est monsieur Poli.

POLICHINELLE

Connais pas. (*Il se retourne pour s'en aller.*)

LUBIN

Suis-je étourdi!... Attendez... C'est monsieur
Potiche.

POLICHINELLE, *revenant*

Potiche! c'est un Chinois, alors... Connais pas.
(*Il s'en va.*)

LUBIN

Attendez donc! J'y suis. (*Polichinelle revient.*)
C'est monsieur Polichinelle.

POLICHINELLE, *chantant*

Le plus beau de tout Paris... C'est moi.

LUBIN

C'est vous! en voilà une chance! J'ai donc à vous
dire, et je me dépêche pour ne pas l'oublier (*Il
parle avec volubilité*), que la marquise de Carabas,
votre tante, est morte.

POLICHINELLE, *pleurant*

Hi! hi! hi!

LUBIN, *continuant*

Et vous laisse cent mille écus d'héritage.

POLICHINELLE, *riant*

Ah! ah! ah! Pas possible!

LUBIN, *parlant toujours très vite*

C'est possible! Et même elle ne donne que cent écus à votre cousin Arlequin, qui est un mauvais gredin... Voilà!

POLICHINELLE

C'est bien étonnant!

LUBIN

C'est comme ça. Du reste, mon maître, qui est le notaire, va venir tout à l'heure et vous le dira lui-même... Je rentre déjeuner. (*Il rentre.*)

SCÈNE V

POLICHINELLE, puis CASSANDRE

POLICHINELLE, *seul*

En voilà une chance!... C'est égal, il est bien surprenant que ma tante me laisse cent mille écus, car elle ne m'aimait guère... N'importe, ne nous occupons pas de cela ; puisqu'on me les a donnés, tâchons d'en profiter et commençons par aller demander au père Cassandre la main de sa pupille Colombine... Et justement le voilà qui vient... (*Cassandre entre par la droite et se dirige vers sa maison.*) Bonjour, monsieur Cassandre.

CASSANDRE, *d'un ton bourru*

Bonjour, vaurien !

POLICHINELLE

J'ai quelque chose à vous demander...

CASSANDRE, *même ton*

Je n'ai pas d'argent à te prêter, sacripant !

POLICHINELLE

Je voudrais épouser votre pupille.

CASSANDRE, *toujours bourru*

Toi ! un sans le sou de ta trempe !

POLICHINELLE

Hier, j'étais sans le sou, mais aujourd'hui je suis dans l'aisance.

CASSANDRE, *même ton*

Dans les anses de panier, propre à rien ! et de panier percé encore.

POLICHINELLE

Ta, ta, ta ! Ne faites pas de jeux de mots et sachez que je viens d'hériter de cent mille écus que ma tante, la marquise de Carabas, m'a légués par testament... Êtes-vous mieux disposé à mon égard maintenant ?

CASSANDRE, *adoucissant sa voix*

Cent mille écus ! Certainement ! Te voilà bien plus riche qu'Arlequin... Ceci me fait changer d'avis, et comme un tuteur bien avisé doit toujours prendre l'intérêt de sa pupille, je te la donne... Arlequin cherchera une autre femme... Je vais de suite prévenir Colombine. (*Il rentre chez lui.*)

SCÈNE VI

POLICHINELLE, LE NOTAIRE

POLICHINELLE

C'est cela... Décidément, j'ai de la chance aujourd'hui. (*Le notaire sort de chez lui.*) Ah! monsieur le notaire. (*Il salue; le notaire le salue également.*) Il paraît que vous avez une petite communication à me faire.

LE NOTAIRE

Oui, mon garçon.

POLICHINELLE

Et vous m'apportez les cent mille écus que m'a légués ma tante?

LE NOTAIRE

Cent mille écus! Ça n'est pas pour toi, mais bien pour Arlequin. Tu n'as que cent écus à recevoir.

POLICHINELLE

Cent mille écus. Votre domestique me l'a dit.

LE NOTAIRE

Il s'est trompé. Le testament ne porte que cent

écus pour toi. S'il n'y avait pas eu de testament,
vous auriez partagé cet héritage par moitié, ce qui
vous ferait cinquante mille écus chacun... Mais il y
a un testament.

POLICHINELLE

Eh bien! détruisons-le!

LE NOTAIRE

Ah! mais non!

POLICHINELLE

Je le veux!... Donnez-le moi ou je vous étrangle.

LE NOTAIRE, *se sauvant*

Au secours!... A moi, Lubin! (*Il sort à gauche
en courant.*)

POLICHINELLE, *le poursuivant*

Je saurai bien le prendre, alors! (*Il sort en courant après le notaire.*)

SCÈNE VII

LUBIN, *sortant de chez le notaire*

Est-ce que monsieur ne m'a pas appelé?... (*Il
regarde du côté où est sorti le notaire.*) Tiens!
comme il court!... Et Polichinelle qui le poursuit.
(*Il va de ce côté en courant.*) Voilà, monsieur! (*Il
se cogne en sortant.*) Holà, la!... Voilà, monsieur!

SCÈNE VIII

ARLEQUIN, puis COLOMBINE

ARLEQUIN, *venant de la droite*

Là!... Tout est disposé pour mon mariage, et demain je serai l'heureux époux de ma chère Colombine... La voici.

COLOMBINE, *sortant de la maison de Cassandre*

Ah! mon cher Arlequin! que je suis donc malheureuse!

ARLEQUIN

Qu'y a-t-il?

COLOMBINE

Mon tuteur reprend la parole qu'il vous a donnée; il veut que j'épouse Polichinelle.

ARLEQUIN

Comment! cet ivrogne, ce gredin, ce voleur de Polichinelle!

COLOMBINE

Hélas! oui. Il a fait un héritage, et comme il est plus riche que vous, c'est lui qu'il préfère.

ARLEQUIN

Ne vous désespérez pas; je vais aller consulter le notaire. Ce mariage ne se fera pas!

COLOMBINE

Hâtez-vous, car mon tuteur parle de me marier dans une heure.

ARLEQUIN

Soyez sans crainte. (*Elle rentre chez Cassandre.*) Ce mariage est impossible ! (*On entend Lubin qui crie : « Au secours ! »*) Qu'y a-t-il ?

SCÈNE IX

ARLEQUIN, LUBIN soutenant LE NOTAIRE

LE NOTAIRE

Ah ! mon bon Lubin !... Sans ton secours, Polichinelle me tuait. Rentrons vite ; que je me remette de ces émotions !... Aidez-moi, Arlequin, je vous prie, pendant que Lubin ira chez le commissaire.

LUBIN

Soyez sans crainte, je vais faire arrêter Polichinelle. Ce ne sera pas long. (*Le notaire rentre chez lui, soutenu par Arlequin.*) Et je n'oublierai pas son nom. (*Il sort.*)

SCÈNE X

POLICHINELLE, puis CASSANDRE et COLOMBINE

POLICHINELLE, *venant de la droite*

Maintenant, je suis tranquille, j'ai déchiré le testament... (*Cassandre sort de chez lui, suivi de Colombine.*) Voilà justement Cassandre et sa pupille qui viennent pour la célébration du mariage.

CASSANDRE

Allons! allons! mademoiselle, je n'entends pas que vous résistiez à mes ordres! Allons signer le contrat de suite.

POLICHINELLE, *s'approchant de Colombine*

Charmante Colombine!

COLOMBINE, *lui tournant le dos*

Laissez-moi tranquille. (*A part.*) Et Arlequin qui ne revient pas!

CASSANDRE

En route, et vivement.

COLOMBINE, *à part*

Gagnons du temps... (*Haut.*) Laissez-moi, au moins, cher tuteur, réparer le désordre de ma toilette.

POLICHINELLE

C'est vrai, seigneur Cassandre, cette charmante demoiselle a raison.

CASSANDRE

J'accorde cinq minutes. Rentrons et dépêchez-

vous. (*A Polichinelle.*) Vous voyez, la voilà déjà
décidée. (*Colombine, Cassandre et Polichinelle
rentrent dans la maison.*)

SCÈNE XI

LE COMMISSAIRE, LE GENDARME, puis POLICHINELLE

LE COMMISSAIRE

Où est-il, ce gredin de Polichinelle?

LE GENDARME

Il ne peut être loin, monsieur le commissaire, je
l'ai aperçu sur cette place au moment où nous y
arrivions.

LE COMMISSAIRE

Alors, parcourez cette place en tous sens. (*Le
gendarme se met à marcher et à tousser.*) Ah! çà,
que faites-vous donc?

LE GENDARME

Monsieur le commissaire, vous m'avez dit de par-
courir la place en toussant : je tousse en marchant.

LE COMMISSAIRE

J'ai dit : dans tous les sens. (*Polichinelle sort de
chez Cassandre.*) Chut! le voici! Éloignez-vous. (*Le
gendarme se cache dans la coulisse.*)

SCÈNE XII

LE COMMISSAIRE, POLICHINELLE, LE GENDARME, caché

POLICHINELLE, *qui ne voit pas le commissaire*

Allons! ça marche. Chançard de Polichinelle, tu es vraiment né sous une heureuse étoile.

LE COMMISSAIRE

Au nom de la loi, je vous arrête!

POLICHINELLE

Moi!

LE COMMISSAIRE

Oui, vous, Polichinelle; la résistance est inutile.

POLICHINELLE

Je ne résiste pas (*A part*), mais je me sauve. (*Il se dirige du côté où est caché le gendarme.*)

LE GENDARME, *apparaissant*

On ne passe pas. (*Polichinelle se dirige du côté opposé, mais le gendarme, qui l'a devancé, lui barre de nouveau le passage.*)

POLICHINELLE, *à part*

Ah çà! mais cet animal de gendarme a donc des bottes de sept lieues?

LE GENDARME

Plaît-il?

POLICHINELLE

Je disais qu'avec des bottes de gendarme, Annibal aurait été invincible.

LE GENDARME

Annibal! Je ne connais pas ce particulier-là.

POLICHINELLE

Ce n'est pas un particulier, puisque c'était un général.

LE COMMISSAIRE

Allons! trêve de balivernes; je vais vous apprendre, vaurien, à vous moquer de l'autorité. Gendarme, emmenez cet homme en prison.

POLICHINELLE, *à part, se laissant emmener par le gendarme*

Polichinelle, mon ami, il me semble que ton étoile commence à pâlir.

SCÈNE XIII

CASSANDRE, COLOMBINE, puis ARLEQUIN
et LE NOTAIRE

CASSANDRE, *sortant de chez lui, suivi de Colombine*

Seigneur Polichinelle! Tiens! où est-il donc?

COLOMBINE

S'il est parti, ça n'est pas une grande perte.

CASSANDRE

Taisez-vous, mademoiselle. (*Appelant.*) Polichinelle ! Polichinelle !...

ARLEQUIN, *suivi du notaire*

Il n'est pas loin, allez ! Il est à l'ombre.

CASSANDRE

Sous ces grands arbres, là-bas ?

ARLEQUIN

Non. En prison ! sous les verrous.

COLOMBINE

Ah ! tant mieux.

CASSANDRE

Taisez-vous, mademoiselle ! En prison !

ARLEQUIN

Mais oui ! Voilà, ma foi, un beau mari que vous
alliez donner à votre pupille !

CASSANDRE

Mais il avait hérité de cent mille écus.

ARLEQUIN

Le mille est de trop. C'est cent écus seulement qui lui étaient légués.

LE NOTAIRE

Oui, mes amis. C'est Arlequin qui hérite de cent mille écus.

CASSANDRE

Mais alors, je lui donne ma pupille.

LE NOTAIRE

Et, pour votre punition, vous en donnerez autant à Colombine.

CASSANDRE

Mais...

LE NOTAIRE

Acceptez, ou je dis partout que vous vouliez la marier à un voleur, qui n'a heureusement déchiré que la copie du testament, quand vous aviez sous la main un honnête garçon.

CASSANDRE

C'est vrai, la cupidité seule me guidait. Je suis bien coupable, mais comme il n'est jamais trop tard pour convenir de ses torts et les réparer, Arlequin, je te donne ma pupille et cent mille écus.

ARLEQUIN

J'accepte Colombine, mais pas l'argent.

LE NOTAIRE

Je l'accepte pour lui. D'ailleurs, c'est déjà sur le contrat que nous allons signer de suite.

CASSANDRE

Oui, tout de suite.

ARLEQUIN

Non pas avant d'avoir demandé la permission à nos aimables spectateurs. (*Au public, présentant Colombine :*)

> Voici la future épousée
> Qui partage mes sentiments,
> Mais veut d'abord s'être assurée
> De tous vos applaudissements.

DU MÊME ÉDITEUR

PARIS. — IMPRIMERIE E. MARTINET, RUE MIGNON, 2.

PARIS. — IMPRIMERIE E. MARTINET, RUE MIGNON, 2.